AGENDA LEGAL
www.tareasjuridicas.com

QUEDA PROHIBIDA SU IMPRESIÓN
TODOS LOS DERECHOS RESERVADOS.

www.tareasjuridicas.com

© 2021, por Héctor Javier Estrada Quintero.

Título: Agenda Legal
Copyright © Héctor Javier Estrada Quintero, 2021.

Una obra mas de www.tareasjuridicas.com

Todos los derechos están reservados, conforme a la Ley Federal del Derecho de Autor y los tratados internacionales suscritos por México. Prohibida su reproducción total o parcial en cualquier forma o medio, incluidos los digitales, sin autorización expresa del titular del derecho de autor.

Primera edición: abril 2021.

Primera impresión: abril 2021.

Información personal

Nombre (s): _____
Apellido Paterno: _____
Apellido Materno: _____
Teléfono: _____
Celular: _____
Correo electrónico: _____
Tipo de Sangre: _____
Alergias: _____

Cédula profesional federal: _____
Cédula profesional estatal: _____
Folio del INE: _____
Pasaporte: _____

Contacto de Emergencia: _____
Teléfono: _____
Celular: _____

Información adicional: _____
_____
_____
_____
_____
_____

Días inhábiles

Poder Judicial de la Federación

1 Enero	Año nuevo	16 - 31 Julio	Periodo Vacacional PJF
5 Febrero	Día de la Constitución	14 Septiembre	Día Independencia
21 Marzo	Natalicio Benito Juárez	16 Septiembre	Día Independencia
_____	Semana Santa	12 Octubre	Día de la raza
1 Mayo	Día del Trabajo	20 Noviembre	Revolución Mexicana
5 Mayo	Batalla de Puebla	16 - 31 Diciembre	Periodo Vacacional PJF

* **Semana Santa:** El periodo varía cada año, se debe tomar en cuenta la circular que emita el PJF.

Aunado a ello, son días inhábiles para la promoción, substanciación y resolución de los juicios de amparo, los sábados y domingos y demás días que sean suspendidos por el órgano jurisdiccional ante el que se tramite el juicio de amparo o por casa de fuerza mayor.

Con fundamento en los artículos 19 de la Ley de Amparo y 70 de la Ley Orgánica del Poder Judicial de la Federación. Revisar en circular los días inhábiles para semana santa.

Plazos Calculados

Expediente	Fecha de notificación	Fecha de Surtir Efectos	Fecha de Vencimiento

Días inhábiles

Expediente	Plazos Calculados		
	Fecha de notificación	Fecha de Surtir Efectos	Fecha de Vencimiento

Planificador mensual

					Lunes
					Martes
					Miércoles
					Jueves
					Viernes
					Sábado
					Domingo

ENERO

Planificador mensual

FEBRERO	Lunes	Martes	Miércoles	Jueves	Viernes	Sábado	Domingo

Planificador mensual

					Lunes
					Martes
					Miércoles
					Jueves
					Viernes
					Sábado
					Domingo

MARZO

Planificador mensual

ABRIL

Lunes	Martes	Miércoles	Jueves	Viernes	Sábado	Domingo

Planificador mensual

					Lunes
					Martes
					Miércoles
					Jueves
					Viernes
					Sábado
					Domingo

MAYO

Planificador mensual

JUNIO

Lunes	Martes	Miércoles	Jueves	Viernes	Sábado	Domingo

Planificador mensual

JULIO

					Lunes
					Martes
					Miércoles
					Jueves
					Viernes
					Sábado
					Domingo

Planificador mensual

AGOSTO

Lunes	Martes	Miércoles	Jueves	Viernes	Sábado	Domingo

Planificador mensual

SEPTIEMBRE

					Lunes
					Martes
					Miércoles
					Jueves
					Viernes
					Sábado
					Domingo

Planificador mensual

OCTUBRE

Lunes	Martes	Miércoles	Jueves	Viernes	Sábado	Domingo

Planificador mensual

					Lunes
					Martes
					Miércoles
					Jueves
					Viernes
					Sábado
					Domingo

NOVIEMBRE

Planificador mensual

DICIEMBRE

Lunes	Martes	Miércoles	Jueves	Viernes	Sábado	Domingo

Planificador semanal

ENERO 1 - 7

Pendientes	Audiencias
•	•
•	•
•	•
•	•
•	•
•	•
•	•
•	•
	•

Plazos	Juntas
•	•
•	•
•	•
•	•
•	•
•	•
•	•
•	•

Notas:

Planificador semanal

ENERO 8 - 14

Pendientes	Audiencias
•	•
•	•
•	•
•	•
•	•
•	•
•	•
•	•

Plazos	Juntas
•	•
•	•
•	•
•	•
•	•
•	•
•	•
•	•

Notas:

Planificador semanal

ENERO 15 - 21

Pendientes
•
•
•
•
•
•
•
•

Audiencias
•
•
•
•
•
•
•
•

Plazos
•
•
•
•
•
•
•
•

Juntas
•
•
•
•
•
•
•

Notas:

Planificador semanal

ENERO 22 - 28

Pendientes	Audiencias
•	•
•	•
•	•
•	•
•	•
•	•
•	•
•	•

Plazos	Juntas
•	•
•	•
•	•
•	•
•	•
•	•
•	•
•	•

Notas:

Planificador semanal

ENERO 29 - 31

Pendientes	Audiencias
•	•
•	•
•	•
•	•
•	•
•	•
•	•
•	•

Plazos	Juntas
•	•
•	•
•	•
•	•
•	•
•	•
•	•
•	•

Notas:

Planificador semanal

FEBRERO 1 - 7

Pendientes
-
-
-
-
-
-
-
-

Audiencias
-
-
-
-
-
-
-
-

Plazos
-
-
-
-
-
-
-
-

Juntas
-
-
-
-
-
-
-
-

Notas:

Planificador semanal

FEBRERO 8 - 14

Pendientes	Audiencias
• • • • • • • •	• • • • • • • •

Plazos	Juntas
• • • • • • • •	• • • • • • • •

Notas:

Planificador semanal

FEBRERO 15 - 21

Pendientes	Audiencias
• • • • • • • •	• • • • • • • •

Plazos	Juntas
• • • • • • • •	• • • • • • • •

Notas:

Planificador semanal

FEBRERO 22 - 28

Pendientes	Audiencias
• • • • • • • •	• • • • • • • •

Plazos	Juntas
• • • • • • • •	• • • • • • • •

Notas:

Planificador semanal

MARZO 1 - 7

Pendientes
•
•
•
•
•
•
•
•

Audiencias
•
•
•
•
•
•
•

Plazos
•
•
•
•
•
•
•
•

Juntas
•
•
•
•
•
•
•

Notas:

Planificador semanal

MARZO 8 - 14

Pendientes	Audiencias
•	•
•	•
•	•
•	•
•	•
•	•
•	•
•	•

Plazos	Juntas
•	•
•	•
•	•
•	•
•	•
•	•
•	•
•	•

Notas:

Planificador semanal

MARZO 15 - 21

Pendientes	Audiencias
•	•
•	•
•	•
•	•
•	•
•	•
•	•
•	•

Plazos	Juntas
•	•
•	•
•	•
•	•
•	•
•	•
•	•
•	•

Notas:

Planificador semanal

MARZO 22 - 28

Pendientes	Audiencias
•	•
•	•
•	•
•	•
•	•
•	•
•	•
•	•

Plazos	Juntas
•	•
•	•
•	•
•	•
•	•
•	•
•	•
•	•
•	•

Notas:

Planificador semanal

MARZO 29 - 31

Pendientes
-
-
-
-
-
-
-
-

Audiencias
-
-
-
-
-
-
-
-

Plazos
-
-
-
-
-
-
-
-

Juntas
-
-
-
-
-
-
-
-

Notas:

Planificador semanal

ABRIL 1 - 7

Pendientes
-
-
-
-
-
-
-
-
-

Audiencias
-
-
-
-
-
-
-
-

Plazos
-
-
-
-
-
-
-
-

Juntas
-
-
-
-
-
-
-

Notas:

Planificador semanal

ABRIL 8 - 14

Pendientes	Audiencias
•	•
•	•
•	•
•	•
•	•
•	•
•	•
•	•

Plazos	Juntas
•	•
•	•
•	•
•	•
•	•
•	•
•	•
•	•
•	

Notas:

Planificador semanal

ABRIL 15 - 21

Pendientes	Audiencias
•	•
•	•
•	•
•	•
•	•
•	•
•	•
•	•

Plazos	Juntas
•	•
•	•
•	•
•	•
•	•
•	•
•	•
•	•

Notas:

Planificador semanal

ABRIL 22 - 28

Pendientes	Audiencias
• • • • • • • • •	• • • • • • • • •

Plazos	Juntas
• • • • • • • •	• • • • • • • • •

Notas:

Planificador semanal

ABRIL 29 - 30

Pendientes	Audiencias
• • • • • • • •	• • • • • • • •

Plazos	Juntas
• • • • • • • •	• • • • • • • •

Notas:

Planificador semanal

MAYO 1 - 7

Pendientes	Audiencias
•	•
•	•
•	•
•	•
•	•
•	•
•	•
•	•

Plazos	Juntas
•	•
•	•
•	•
•	•
•	•
•	•
•	•
•	•

Notas:

Planificador semanal

MAYO 8 - 14

Pendientes
-
-
-
-
-
-
-
-

Audiencias
-
-
-
-
-
-
-
-

Plazos
-
-
-
-
-
-
-
-

Juntas
-
-
-
-
-
-
-
-

Notas:

Planificador semanal

MAYO 15 - 21

Pendientes	Audiencias
•	•
•	•
•	•
•	•
•	•
•	•
•	•
•	•

Plazos	Juntas
•	•
•	•
•	•
•	•
•	•
•	•
•	•
•	•

Notas:

Planificador semanal

MAYO 22 - 28

Pendientes	Audiencias
•	•
•	•
•	•
•	•
•	•
•	•
•	•
•	•

Plazos	Juntas
•	•
•	•
•	•
•	•
•	•
•	•
•	•
•	•

Notas:

Planificador semanal

MAYO 29 - 31

Pendientes
-
-
-
-
-
-
-
-

Audiencias
-
-
-
-
-
-
-
-

Plazos
-
-
-
-
-
-
-
-

Juntas
-
-
-
-
-
-
-
-

Notas:

Planificador semanal

JUNIO 1 - 7

Pendientes
•
•
•
•
•
•
•
•

Audiencias
•
•
•
•
•
•
•
•

Plazos
•
•
•
•
•
•
•
•

Juntas
•
•
•
•
•
•
•
•

Notas:

Planificador semanal

JUNIO 8 - 14

Pendientes
•
•
•
•
•
•
•
•

Audiencias
•
•
•
•
•
•
•
•

Plazos
•
•
•
•
•
•
•
•

Juntas
•
•
•
•
•
•
•
•

Notas:

Planificador semanal

JUNIO 15 - 21

Pendientes
-
-
-
-
-
-
-
-

Audiencias
-
-
-
-
-
-
-
-

Plazos
-
-
-
-
-
-
-
-

Juntas
-
-
-
-
-
-
-
-

Notas:

Planificador semanal

JUNIO 22 - 28

Pendientes
•
•
•
•
•
•
•
•

Audiencias
•
•
•
•
•
•
•
•

Plazos
•
•
•
•
•
•
•
•

Juntas
•
•
•
•
•
•
•

Notas:

Planificador semanal

JUNIO 29 - 30

Pendientes
•
•
•
•
•
•
•
•

Audiencias
•
•
•
•
•
•
•
•

Plazos
•
•
•
•
•
•
•
•

Juntas
•
•
•
•
•
•
•

Notas:

Planificador semanal

JULIO 1 - 7

Pendientes
•
•
•
•
•
•
•
•

Audiencias
•
•
•
•
•
•
•
•

Plazos
•
•
•
•
•
•
•
•

Juntas
•
•
•
•
•
•
•
•

Notas:

Planificador semanal

JULIO 8 - 14

Pendientes
-
-
-
-
-
-
-
-
-

Audiencias
-
-
-
-
-
-
-
-
-

Plazos
-
-
-
-
-
-
-
-
-

Juntas
-
-
-
-
-
-
-
-
-

Notas:

Planificador semanal

JULIO 15 - 21

Pendientes
•
•
•
•
•
•
•
•

Audiencias
•
•
•
•
•
•
•

Plazos
•
•
•
•
•
•
•
•

Juntas
•
•
•
•
•
•
•
•

Notas:

Planificador semanal

JULIO 22 - 28

Pendientes
-
-
-
-
-
-
-
-

Audiencias
-
-
-
-
-
-
-
-

Plazos
-
-
-
-
-
-
-
-

Juntas
-
-
-
-
-
-
-
-

Notas:

Planificador semanal

JULIO 29 - 31

Pendientes
•
•
•
•
•
•
•
•

Audiencias
•
•
•
•
•
•
•
•

Plazos
•
•
•
•
•
•
•
•

Juntas
•
•
•
•
•
•
•

Notas:

Planificador semanal

AGOSTO 1 - 7

Pendientes
-
-
-
-
-
-
-
-

Audiencias
-
-
-
-
-
-
-
-

Plazos
-
-
-
-
-
-
-
-

Juntas
-
-
-
-
-
-
-
-

Notas:

Planificador semanal

AGOSTO 8 - 14

Pendientes
-
-
-
-
-
-
-
-

Audiencias
-
-
-
-
-
-
-
-

Plazos
-
-
-
-
-
-
-
-

Juntas
-
-
-
-
-
-
-
-

Notas:

Planificador semanal

AGOSTO 15 - 21

Pendientes
-
-
-
-
-
-
-
-

Audiencias
-
-
-
-
-
-
-
-

Plazos
-
-
-
-
-
-
-
-

Juntas
-
-
-
-
-
-
-
-

Notas:

Planificador semanal

AGOSTO 22 - 28

Pendientes	Audiencias
• • • • • • • •	• • • • • • • •

Plazos	Juntas
• • • • • • • •	• • • • • • • •

Notas:

Planificador semanal

AGOSTO 29 - 31

Pendientes
-
-
-
-
-
-
-
-

Audiencias
-
-
-
-
-
-
-
-

Plazos
-
-
-
-
-
-
-
-

Juntas
-
-
-
-
-
-
-
-

Notas:

Planificador semanal

SEPTIEMBRE 1 - 7

Pendientes	Audiencias
•	•
•	•
•	•
•	•
•	•
•	•
•	•
•	•

Plazos	Juntas
•	•
•	•
•	•
•	•
•	•
•	•
•	•
•	•

Notas:

Planificador semanal

SEPTIEMBRE 8 - 14

Pendientes
-
-
-
-
-
-
-
-
-

Audiencias
-
-
-
-
-
-
-
-

Plazos
-
-
-
-
-
-
-
-
-

Juntas
-
-
-
-
-
-
-
-

Notas:

Planificador semanal

SEPTIEMBRE 15 - 21

Pendientes	Audiencias
<ul><li></li><li></li><li></li><li></li><li></li><li></li><li></li><li></li></ul>	<ul><li></li><li></li><li></li><li></li><li></li><li></li><li></li><li></li><li></li></ul>

Plazos	Juntas
<ul><li></li><li></li><li></li><li></li><li></li><li></li><li></li><li></li></ul>	<ul><li></li><li></li><li></li><li></li><li></li><li></li><li></li><li></li></ul>

Notas:

Planificador semanal

SEPTIEMBRE 22 - 28

Pendientes
-
-
-
-
-
-
-
-
-

Audiencias
-
-
-
-
-
-
-
-
-

Plazos
-
-
-
-
-
-
-
-
-

Juntas
-
-
-
-
-
-
-
-
-

Notas:

Planificador semanal

SEPTIEMBRE 29 - 30

Pendientes
-
-
-
-
-
-
-
-

Audiencias
-
-
-
-
-
-
-
-

Plazos
-
-
-
-
-
-
-
-

Juntas
-
-
-
-
-
-
-
-

Notas:

Planificador semanal

OCTUBRE 1 - 7

Pendientes	Audiencias
•	•
•	•
•	•
•	•
•	•
•	•
•	•
•	•

Plazos	Juntas
•	•
•	•
•	•
•	•
•	•
•	•
•	•
•	•

Notas:

Planificador semanal

OCTUBRE 8 - 14

Pendientes	Audiencias
•	•
•	•
•	•
•	•
•	•
•	•
•	•
•	•

Plazos	Juntas
•	•
•	•
•	•
•	•
•	•
•	•
•	•
•	•

Notas:

Planificador semanal

OCTUBRE 15 - 21

Pendientes	Audiencias
• • • • • • • •	• • • • • • • •

Plazos	Juntas
• • • • • • • • •	• • • • • • • •

Notas:

Planificador semanal

OCTUBRE 22 - 28

Pendientes	Audiencias
•	•
•	•
•	•
•	•
•	•
•	•
•	•
•	•

Plazos	Juntas
•	•
•	•
•	•
•	•
•	•
•	•
•	•
•	•

Notas:

Planificador semanal

OCTUBRE 29 - 31

Pendientes
•
•
•
•
•
•
•
•
•

Audiencias
•
•
•
•
•
•
•
•
•

Plazos
•
•
•
•
•
•
•
•

Juntas
•
•
•
•
•
•
•
•

Notas:

Planificador semanal

NOVIEMBRE 1 - 7

Pendientes
•
•
•
•
•
•
•
•

Audiencias
•
•
•
•
•
•
•
•

Plazos
•
•
•
•
•
•
•
•

Juntas
•
•
•
•
•
•
•
•

Notas:

Planificador semanal

NOVIEMBRE 8 - 14

Pendientes	Audiencias
•	•
•	•
•	•
•	•
•	•
•	•
•	•
•	•

Plazos	Juntas
•	•
•	•
•	•
•	•
•	•
•	•
•	•
•	•

Notas:

Planificador semanal

NOVIEMBRE 15 - 21

Pendientes	Audiencias
•	•
•	•
•	•
•	•
•	•
•	•
•	•
•	•

Plazos	Juntas
•	•
•	•
•	•
•	•
•	•
•	•
•	•
•	•
•	

Notas:

Planificador semanal

NOVIEMBRE 22 - 28

Pendientes
•
•
•
•
•
•
•
•

Audiencias
•
•
•
•
•
•
•
•

Plazos
•
•
•
•
•
•
•
•

Juntas
•
•
•
•
•
•
•
•

Notas:

Planificador semanal

NOVIEMBRE 29 - 30

Pendientes	Audiencias
•	•
•	•
•	•
•	•
•	•
•	•
•	•
•	•

Plazos	Juntas
•	•
•	•
•	•
•	•
•	•
•	•
•	•
•	•

Notas:

Planificador semanal

DICIEMBRE 1 - 7

Pendientes
-
-
-
-
-
-
-
-

Audiencias
-
-
-
-
-
-
-
-

Plazos
-
-
-
-
-
-
-
-

Juntas
-
-
-
-
-
-
-

Notas:

Planificador semanal

DICIEMBRE 8 - 14

Pendientes	Audiencias
•	•
•	•
•	•
•	•
•	•
•	•
•	•
•	•

Plazos	Juntas
•	•
•	•
•	•
•	•
•	•
•	•
•	•
•	•

Notas:

Planificador semanal

DICIEMBRE 15 - 21

Pendientes
-
-
-
-
-
-
-
-

Audiencias
-
-
-
-
-
-
-
-

Plazos
-
-
-
-
-
-
-
-

Juntas
-
-
-
-
-
-
-
-

Notas:

Planificador semanal

DICIEMBRE 22 - 28

Pendientes	Audiencias
• • • • • • • •	• • • • • • •

Plazos	Juntas
• • • • • • • •	• • • • • • •

Notas:

Planificador semanal

DICIEMBRE 29 - 31

Pendientes
-
-
-
-
-
-
-
-

Audiencias
-
-
-
-
-
-
-
-

Plazos
-
-
-
-
-
-
-
-

Juntas
-
-
-
-
-
-
-
-

Notas:

Resumen de juicios

Instrucciones: Añade cada uno de los expedientes a tu cargo en esta lista. Deberás colorear con un marcador, cuando tu juicio haya superado alguna de las etapas del juicio:

(P) Presentación de demanda, (A) Audiencia, (S) Sentencia.

Incluso, puedes utilizar un color distinto en el círculo de (S) Sentencia, si fue favorable (verde), neutral (amarillo) o negativa (rojo).

Si tu juicio se encuentra relacionado con algún otro expediente derivado a que presentaste un recurso o un amparo, añade en el apartado de (R), el (#) número del listado al que se relaciona este juicio.

(1) Exp: _____ (P) (A) (S) R: #_____

(2) Exp: _____ (P) (A) (S) R: #_____

(3) Exp: _____ (P) (A) (S) R: #_____

(4) Exp: _____ (P) (A) (S) R: #_____

(5) Exp: _____ (P) (A) (S) R: #_____

(6) Exp: _____ (P) (A) (S) R: #_____

(7) Exp: _____ (P) (A) (S) R: #_____

(8) Exp: _____ (P) (A) (S) R: #_____

(9) Exp: _____ (P) (A) (S) R: #_____

Resumen de juicios

10) Exp:_____ (P) (A) (S) R: #_____

11) Exp:_____ (P) (A) (S) R: #_____

12) Exp:_____ (P) (A) (S) R: #_____

13) Exp:_____ (P) (A) (S) R: #_____

14) Exp:_____ (P) (A) (S) R: #_____

15) Exp:_____ (P) (A) (S) R: #_____

16) Exp:_____ (P) (A) (S) R: #_____

17) Exp:_____ (P) (A) (S) R: #_____

18) Exp:_____ (P) (A) (S) R: #_____

19) Exp:_____ (P) (A) (S) R: #_____

20) Exp:_____ (P) (A) (S) R: #_____

21) Exp:_____ (P) (A) (S) R: #_____

Resumen de juicios

(22) Exp: _____ (P) (A) (S) R: #_____

(23) Exp: _____ (P) (A) (S) R: #_____

(24) Exp: _____ (P) (A) (S) R: #_____

(25) Exp: _____ (P) (A) (S) R: #_____

(26) Exp: _____ (P) (A) (S) R: #_____

(27) Exp: _____ (P) (A) (S) R: #_____

(28) Exp: _____ (P) (A) (S) R: #_____

(29) Exp: _____ (P) (A) (S) R: #_____

(30) Exp: _____ (P) (A) (S) R: #_____

(31) Exp: _____ (P) (A) (S) R: #_____

(32) Exp: _____ (P) (A) (S) R: #_____

(33) Exp: _____ (P) (A) (S) R: #_____

Resumen de juicios

(34) Exp:_____ (P) (A) (S) R: #_____

(35) Exp:_____ (P) (A) (S) R: #_____

(36) Exp:_____ (P) (A) (S) R: #_____

(37) Exp:_____ (P) (A) (S) R: #_____

(38) Exp:_____ (P) (A) (S) R: #_____

(39) Exp:_____ (P) (A) (S) R: #_____

(40) Exp:_____ (P) (A) (S) R: #_____

(41) Exp:_____ (P) (A) (S) R: #_____

(42) Exp:_____ (P) (A) (S) R: #_____

(43) Exp:_____ (P) (A) (S) R: #_____

(44) Exp:_____ (P) (A) (S) R: #_____

(45) Exp:_____ (P) (A) (S) R: #_____

Resumen de juicios

(46) Exp: _____ (P) (A) (S) R: #_____

(47) Exp: _____ (P) (A) (S) R: #_____

(48) Exp: _____ (P) (A) (S) R: #_____

(49) Exp: _____ (P) (A) (S) R: #_____

(50) Exp: _____ (P) (A) (S) R: #_____

(51) Exp: _____ (P) (A) (S) R: #_____

(52) Exp: _____ (P) (A) (S) R: #_____

(53) Exp: _____ (P) (A) (S) R: #_____

(54) Exp: _____ (P) (A) (S) R: #_____

(55) Exp: _____ (P) (A) (S) R: #_____

(56) Exp: _____ (P) (A) (S) R: #_____

(57) Exp: _____ (P) (A) (S) R: #_____

Resumen de juicios

- (58) Exp: _____ (P) (A) (S) R: #_____
- (59) Exp: _____ (P) (A) (S) R: #_____
- (60) Exp: _____ (P) (A) (S) R: #_____
- (61) Exp: _____ (P) (A) (S) R: #_____
- (62) Exp: _____ (P) (A) (S) R: #_____
- (63) Exp: _____ (P) (A) (S) R: #_____
- (64) Exp: _____ (P) (A) (S) R: #_____
- (65) Exp: _____ (P) (A) (S) R: #_____
- (66) Exp: _____ (P) (A) (S) R: #_____
- (67) Exp: _____ (P) (A) (S) R: #_____
- (68) Exp: _____ (P) (A) (S) R: #_____
- (69) Exp: _____ (P) (A) (S) R: #_____

Resumen de juicios

- (70) Exp:_____ (P) (A) (S) R: #_____
- (71) Exp:_____ (P) (A) (S) R: #_____
- (72) Exp:_____ (P) (A) (S) R: #_____
- (73) Exp:_____ (P) (A) (S) R: #_____
- (74) Exp:_____ (P) (A) (S) R: #_____
- (75) Exp:_____ (P) (A) (S) R: #_____
- (76) Exp:_____ (P) (A) (S) R: #_____
- (77) Exp:_____ (P) (A) (S) R: #_____
- (78) Exp:_____ (P) (A) (S) R: #_____
- (79) Exp:_____ (P) (A) (S) R: #_____
- (80) Exp:_____ (P) (A) (S) R: #_____
- (81) Exp:_____ (P) (A) (S) R: #_____

Resumen de juicios

(82) Exp:_____ (P) (A) (S) R: #_____

(83) Exp:_____ (P) (A) (S) R: #_____

(84) Exp:_____ (P) (A) (S) R: #_____

(85) Exp:_____ (P) (A) (S) R: #_____

(86) Exp:_____ (P) (A) (S) R: #_____

(87) Exp:_____ (P) (A) (S) R: #_____

(88) Exp:_____ (P) (A) (S) R: #_____

(89) Exp:_____ (P) (A) (S) R: #_____

(90) Exp:_____ (P) (A) (S) R: #_____

(91) Exp:_____ (P) (A) (S) R: #_____

(92) Exp:_____ (P) (A) (S) R: #_____

(93) Exp:_____ (P) (A) (S) R: #_____

Resumen de juicios

(94) Exp: _____ (P) (A) (S) R: #_____

(95) Exp: _____ (P) (A) (S) R: #_____

(96) Exp: _____ (P) (A) (S) R: #_____

(97) Exp: _____ (P) (A) (S) R: #_____

(98) Exp: _____ (P) (A) (S) R: #_____

(99) Exp: _____ (P) (A) (S) R: #_____

(100) Exp: _____ (P) (A) (S) R: #_____

(101) Exp: _____ (P) (A) (S) R: #_____

(102) Exp: _____ (P) (A) (S) R: #_____

Notas de los juicios

1
- **Cliente:**
- **Autoridad:**
- **Expediente:**
- **Fecha de presentación:**
- **Fecha de audiencia:**
- **Fecha de sentencia:**
- **Sentido de la sentencia:**
- **Juicio relacionado con el expediente:**

Notas:

Notas de los juicios

2	Cliente: Autoridad: Expediente: Fecha de presentación: Fecha de audiencia: Fecha de sentencia: Sentido de la sentencia: Juicio relacionado con el expediente:

Notas:
___
___
___
___
___
___
___
___
___
___
___
___
___
___
___
___
___
___

Notas de los juicios

3	**Cliente:** _____ **Autoridad:** _____ **Expediente:** _____ **Fecha de presentación:** _____ **Fecha de audiencia:** _____ **Fecha de sentencia:** _____ **Sentido de la sentencia:** _____ **Juicio relacionado con el expediente:** _____

Notas: _____
_____
_____
_____
_____
_____
_____
_____
_____
_____
_____
_____
_____
_____
_____
_____
_____

Notas de los juicios

4	Cliente:
	Autoridad:
	Expediente:
	Fecha de presentación:
	Fecha de audiencia:
	Fecha de sentencia:
	Sentido de la sentencia:
	Juicio relacionado con el expediente:

Notas:

Notas de los juicios

5	Cliente: Autoridad: Expediente: Fecha de presentación: Fecha de audiencia: Fecha de sentencia: Sentido de la sentencia: Juicio relacionado con el expediente:

Notas:

Notas de los juicios

6	Cliente: _____
	Autoridad: _____
	Expediente: _____
	Fecha de presentación: _____
	Fecha de audiencia: _____
	Fecha de sentencia: _____
	Sentido de la sentencia: _____
	Juicio relacionado con el expediente: _____

Notas: _____
_____
_____
_____
_____
_____
_____
_____
_____
_____
_____
_____
_____
_____
_____
_____
_____
_____
_____
_____

Notas de los juicios

7	Cliente:
	Autoridad:
	Expediente:
	Fecha de presentación:
	Fecha de audiencia:
	Fecha de sentencia:
	Sentido de la sentencia:
	Juicio relacionado con el expediente:

Notas:

Notas de los juicios

8	
	Cliente:
	Autoridad:
	Expediente:
	Fecha de presentación:
	Fecha de audiencia:
	Fecha de sentencia:
	Sentido de la sentencia:
	Juicio relacionado con el expediente:

Notas:

Notas de los juicios

9	**Cliente:** _____ **Autoridad:** _____ **Expediente:** _____ **Fecha de presentación:** _____ **Fecha de audiencia:** _____ **Fecha de sentencia:** _____ **Sentido de la sentencia:** _____ **Juicio relacionado con el expediente:** _____

Notas: _____
_____
_____
_____
_____
_____
_____
_____
_____
_____
_____
_____
_____
_____
_____
_____
_____
_____

Notas de los juicios

10	Cliente:
	Autoridad:
	Expediente:
	Fecha de presentación:
	Fecha de audiencia:
	Fecha de sentencia:
	Sentido de la sentencia:
	Juicio relacionado con el expediente:

Notas:

Notas de los juicios

11	**Cliente:** _____ **Autoridad:** _____ **Expediente:** _____ **Fecha de presentación:** _____ **Fecha de audiencia:** _____ **Fecha de sentencia:** _____ **Sentido de la sentencia:** _____ **Juicio relacionado con el expediente:** _____

Notas: _____

_____
_____
_____
_____
_____
_____
_____
_____
_____
_____
_____
_____
_____
_____
_____
_____

Notas de los juicios

12	Cliente: _____
	Autoridad: _____
	Expediente: _____
	Fecha de presentación: _____
	Fecha de audiencia: _____
	Fecha de sentencia: _____
	Sentido de la sentencia: _____
	Juicio relacionado con el expediente: _____

Notas: _____

_____
_____
_____
_____
_____
_____
_____
_____
_____
_____
_____
_____
_____
_____
_____
_____
_____
_____
_____

Notas de los juicios

13

Cliente:

Autoridad:

Expediente:

Fecha de presentación:

Fecha de audiencia:

Fecha de sentencia:

Sentido de la sentencia:

Juicio relacionado con el expediente:

Notas:

Notas de los juicios

14	Cliente:
	Autoridad:
	Expediente:
	Fecha de presentación:
	Fecha de audiencia:
	Fecha de sentencia:
	Sentido de la sentencia:
	Juicio relacionado con el expediente:

Notas:

Notas de los juicios

15	**Cliente:** **Autoridad:** **Expediente:** **Fecha de presentación:** **Fecha de audiencia:** **Fecha de sentencia:** **Sentido de la sentencia:** **Juicio relacionado con el expediente:**

Notas:

Notas de los juicios

16	Cliente: Autoridad: Expediente: Fecha de presentación: Fecha de audiencia: Fecha de sentencia: Sentido de la sentencia: Juicio relacionado con el expediente:

Notas:

Notas de los juicios

17	Cliente:
	Autoridad:
	Expediente:
	Fecha de presentación:
	Fecha de audiencia:
	Fecha de sentencia:
	Sentido de la sentencia:
	Juicio relacionado con el expediente:

Notas:

Notas de los juicios

18	Cliente:
	Autoridad:
	Expediente:
	Fecha de presentación:
	Fecha de audiencia:
	Fecha de sentencia:
	Sentido de la sentencia:
	Juicio relacionado con el expediente:

Notas:

Notas de los juicios

19	**Cliente:** **Autoridad:** **Expediente:** **Fecha de presentación:** **Fecha de audiencia:** **Fecha de sentencia:** **Sentido de la sentencia:** **Juicio relacionado con el expediente:**

Notas:

Notas de los juicios

20	
	Cliente:
	Autoridad:
	Expediente:
	Fecha de presentación:
	Fecha de audiencia:
	Fecha de sentencia:
	Sentido de la sentencia:
	Juicio relacionado con el expediente:

Notas:

Notas de los juicios

21	Cliente:
	Autoridad:
	Expediente:
	Fecha de presentación:
	Fecha de audiencia:
	Fecha de sentencia:
	Sentido de la sentencia:
	Juicio relacionado con el expediente:

Notas:

Notas de los juicios

22	Cliente:
	Autoridad:
	Expediente:
	Fecha de presentación:
	Fecha de audiencia:
	Fecha de sentencia:
	Sentido de la sentencia:
	Juicio relacionado con el expediente:

Notas:

Notas de los juicios

23	Cliente: _____ Autoridad: _____ Expediente: _____ Fecha de presentación: _____ Fecha de audiencia: _____ Fecha de sentencia: _____ Sentido de la sentencia: _____ Juicio relacionado con el expediente: _____

Notas: _____

_____

_____

_____

_____

_____

_____

_____

_____

_____

_____

_____

_____

_____

_____

_____

_____

_____

Notas de los juicios

24	Cliente:
	Autoridad:
	Expediente:
	Fecha de presentación:
	Fecha de audiencia:
	Fecha de sentencia:
	Sentido de la sentencia:
	Juicio relacionado con el expediente:

Notas:

Notas de los juicios

25	Cliente:
	Autoridad:
	Expediente:
	Fecha de presentación:
	Fecha de audiencia:
	Fecha de sentencia:
	Sentido de la sentencia:
	Juicio relacionado con el expediente:

Notas:
_____
_____
_____
_____
_____
_____
_____
_____
_____
_____
_____
_____
_____
_____
_____
_____
_____

Notas de los juicios

26	Cliente: Autoridad: Expediente: Fecha de presentación: Fecha de audiencia: Fecha de sentencia: Sentido de la sentencia: Juicio relacionado con el expediente:

Notas:

Notas de los juicios

27	Cliente: _____ Autoridad: _____ Expediente: _____ Fecha de presentación: _____ Fecha de audiencia: _____ Fecha de sentencia: _____ Sentido de la sentencia: _____ Juicio relacionado con el expediente: _____

Notas: _____

_____
_____
_____
_____
_____
_____
_____
_____
_____
_____
_____
_____
_____
_____
_____

Notas de los juicios

28	Cliente:
	Autoridad:
	Expediente:
	Fecha de presentación:
	Fecha de audiencia:
	Fecha de sentencia:
	Sentido de la sentencia:
	Juicio relacionado con el expediente:

Notas:

Notas de los juicios

29
- Cliente:
- Autoridad:
- Expediente:
- Fecha de presentación:
- Fecha de audiencia:
- Fecha de sentencia:
- Sentido de la sentencia:
- Juicio relacionado con el expediente:

Notas:

Notas de los juicios

30	Cliente: Autoridad: Expediente: Fecha de presentación: Fecha de audiencia: Fecha de sentencia: Sentido de la sentencia: Juicio relacionado con el expediente:

Notas:

Notas de los juicios

31	Cliente:
	Autoridad:
	Expediente:
	Fecha de presentación:
	Fecha de audiencia:
	Fecha de sentencia:
	Sentido de la sentencia:
	Juicio relacionado con el expediente:

Notas:

Notas de los juicios

32	Cliente:
	Autoridad:
	Expediente:
	Fecha de presentación:
	Fecha de audiencia:
	Fecha de sentencia:
	Sentido de la sentencia:
	Juicio relacionado con el expediente:

Notas:

Notas de los juicios

33	**Cliente:** _____
	Autoridad: _____
	Expediente: _____
	Fecha de presentación: _____
	Fecha de audiencia: _____
	Fecha de sentencia: _____
	Sentido de la sentencia: _____
	Juicio relacionado con el expediente: _____

Notas: _____
_____
_____
_____
_____
_____
_____
_____
_____
_____
_____
_____
_____
_____
_____
_____
_____
_____
_____

Notas de los juicios

Cliente:	
Autoridad:	
Expediente:	
Fecha de presentación:	
Fecha de audiencia:	
Fecha de sentencia:	
Sentido de la sentencia:	
Juicio relacionado con el expediente:	

Notas:

Notas de los juicios

35	Cliente:
	Autoridad:
	Expediente:
	Fecha de presentación:
	Fecha de audiencia:
	Fecha de sentencia:
	Sentido de la sentencia:
	Juicio relacionado con el expediente:

Notas:

Notas de los juicios

36	Cliente:
	Autoridad:
	Expediente:
	Fecha de presentación:
	Fecha de audiencia:
	Fecha de sentencia:
	Sentido de la sentencia:
	Juicio relacionado con el expediente:

Notas:

Notas de los juicios

37	Cliente: _____
	Autoridad: _____
	Expediente: _____
	Fecha de presentación: _____
	Fecha de audiencia: _____
	Fecha de sentencia: _____
	Sentido de la sentencia: _____
	Juicio relacionado con el expediente: _____

Notas: _____

_____
_____
_____
_____
_____
_____
_____
_____
_____
_____
_____
_____
_____
_____
_____
_____

Notas de los juicios

38

Cliente: _____

Autoridad: _____

Expediente: _____

Fecha de presentación: _____

Fecha de audiencia: _____

Fecha de sentencia: _____

Sentido de la sentencia: _____

Juicio relacionado con el expediente: _____

Notas: _____

_____
_____
_____
_____
_____
_____
_____
_____
_____
_____
_____
_____
_____
_____
_____
_____
_____
_____

Notas de los juicios

39	Cliente:
	Autoridad:
	Expediente:
	Fecha de presentación:
	Fecha de audiencia:
	Fecha de sentencia:
	Sentido de la sentencia:
	Juicio relacionado con el expediente:

Notas:

Notas de los juicios

40	Cliente:
	Autoridad:
	Expediente:
	Fecha de presentación:
	Fecha de audiencia:
	Fecha de sentencia:
	Sentido de la sentencia:
	Juicio relacionado con el expediente:

Notas:

Notas de los juicios

41	Cliente: _____
	Autoridad: _____
	Expediente: _____
	Fecha de presentación: _____
	Fecha de audiencia: _____
	Fecha de sentencia: _____
	Sentido de la sentencia: _____
	Juicio relacionado con el expediente: _____

Notas: _____

_____
_____
_____
_____
_____
_____
_____
_____
_____
_____
_____
_____
_____
_____
_____
_____

Notas de los juicios

42	Cliente:
	Autoridad:
	Expediente:
	Fecha de presentación:
	Fecha de audiencia:
	Fecha de sentencia:
	Sentido de la sentencia:
	Juicio relacionado con el expediente:

Notas:

Notas de los juicios

43	Cliente:
	Autoridad:
	Expediente:
	Fecha de presentación:
	Fecha de audiencia:
	Fecha de sentencia:
	Sentido de la sentencia:
	Juicio relacionado con el expediente:

Notas:

Notas de los juicios

44	Cliente:
	Autoridad:
	Expediente:
	Fecha de presentación:
	Fecha de audiencia:
	Fecha de sentencia:
	Sentido de la sentencia:
	Juicio relacionado con el expediente:

Notas:

Notas de los juicios

45	Cliente:
	Autoridad:
	Expediente:
	Fecha de presentación:
	Fecha de audiencia:
	Fecha de sentencia:
	Sentido de la sentencia:
	Juicio relacionado con el expediente:

Notas:

Notas de los juicios

46	Cliente:
	Autoridad:
	Expediente:
	Fecha de presentación:
	Fecha de audiencia:
	Fecha de sentencia:
	Sentido de la sentencia:
	Juicio relacionado con el expediente:

Notas:

Notas de los juicios

47	**Cliente:** _____ **Autoridad:** _____ **Expediente:** _____ **Fecha de presentación:** _____ **Fecha de audiencia:** _____ **Fecha de sentencia:** _____ **Sentido de la sentencia:** _____ **Juicio relacionado con el expediente:** _____

Notas: _____
_____
_____
_____
_____
_____
_____
_____
_____
_____
_____
_____
_____
_____
_____
_____
_____

Notas de los juicios

48	Cliente:
	Autoridad:
	Expediente:
	Fecha de presentación:
	Fecha de audiencia:
	Fecha de sentencia:
	Sentido de la sentencia:
	Juicio relacionado con el expediente:

Notas:

Notas de los juicios

49	**Cliente:** **Autoridad:** **Expediente:** **Fecha de presentación:** **Fecha de audiencia:** **Fecha de sentencia:** **Sentido de la sentencia:** **Juicio relacionado con el expediente:**

Notas:

Notas de los juicios

50	Cliente:
	Autoridad:
	Expediente:
	Fecha de presentación:
	Fecha de audiencia:
	Fecha de sentencia:
	Sentido de la sentencia:
	Juicio relacionado con el expediente:

Notas:

Notas de los juicios

51	Cliente:
	Autoridad:
	Expediente:
	Fecha de presentación:
	Fecha de audiencia:
	Fecha de sentencia:
	Sentido de la sentencia:
	Juicio relacionado con el expediente:

Notas:
_____
_____
_____
_____
_____
_____
_____
_____
_____
_____
_____
_____
_____
_____
_____
_____
_____

Notas de los juicios

52	Cliente: Autoridad: Expediente: Fecha de presentación: Fecha de audiencia: Fecha de sentencia: Sentido de la sentencia: Juicio relacionado con el expediente:

Notas:

Notas de los juicios

53	Cliente:
	Autoridad:
	Expediente:
	Fecha de presentación:
	Fecha de audiencia:
	Fecha de sentencia:
	Sentido de la sentencia:
	Juicio relacionado con el expediente:

Notas:

Notas de los juicios

54	Cliente:
	Autoridad:
	Expediente:
	Fecha de presentación:
	Fecha de audiencia:
	Fecha de sentencia:
	Sentido de la sentencia:
	Juicio relacionado con el expediente:

Notas:

Notas de los juicios

55	**Cliente:** **Autoridad:** **Expediente:** **Fecha de presentación:** **Fecha de audiencia:** **Fecha de sentencia:** **Sentido de la sentencia:** **Juicio relacionado con el expediente:**

Notas:

Notas de los juicios

56	Cliente:
	Autoridad:
	Expediente:
	Fecha de presentación:
	Fecha de audiencia:
	Fecha de sentencia:
	Sentido de la sentencia:
	Juicio relacionado con el expediente:

Notas:

Notas de los juicios

57	
	Cliente:
	Autoridad:
	Expediente:
	Fecha de presentación:
	Fecha de audiencia:
	Fecha de sentencia:
	Sentido de la sentencia:
	Juicio relacionado con el expediente:

Notas:

Notas de los juicios

58	Cliente:
	Autoridad:
	Expediente:
	Fecha de presentación:
	Fecha de audiencia:
	Fecha de sentencia:
	Sentido de la sentencia:
	Juicio relacionado con el expediente:

Notas:

Notas de los juicios

59	Cliente:
	Autoridad:
	Expediente:
	Fecha de presentación:
	Fecha de audiencia:
	Fecha de sentencia:
	Sentido de la sentencia:
	Juicio relacionado con el expediente:

Notas:

Notas de los juicios

60	Cliente: Autoridad: Expediente: Fecha de presentación: Fecha de audiencia: Fecha de sentencia: Sentido de la sentencia: Juicio relacionado con el expediente:

Notas:

Notas de los juicios

61	Cliente: _____
	Autoridad: _____
	Expediente: _____
	Fecha de presentación: _____
	Fecha de audiencia: _____
	Fecha de sentencia: _____
	Sentido de la sentencia: _____
	Juicio relacionado con el expediente: _____

Notas: _____

_____
_____
_____
_____
_____
_____
_____
_____
_____
_____
_____
_____
_____
_____
_____
_____

Notas de los juicios

62	**Cliente:** _____ **Autoridad:** _____ **Expediente:** _____ **Fecha de presentación:** _____ **Fecha de audiencia:** _____ **Fecha de sentencia:** _____ **Sentido de la sentencia:** _____ **Juicio relacionado con el expediente:** _____

Notas: _____
_____
_____
_____
_____
_____
_____
_____
_____
_____
_____
_____
_____
_____
_____
_____
_____
_____

Notas de los juicios

63	Cliente:
	Autoridad:
	Expediente:
	Fecha de presentación:
	Fecha de audiencia:
	Fecha de sentencia:
	Sentido de la sentencia:
	Juicio relacionado con el expediente:

Notas:

Notas de los juicios

64	Cliente: Autoridad: Expediente: Fecha de presentación: Fecha de audiencia: Fecha de sentencia: Sentido de la sentencia: Juicio relacionado con el expediente:

Notas:

Notas de los juicios

65	Cliente: Autoridad: Expediente: Fecha de presentación: Fecha de audiencia: Fecha de sentencia: Sentido de la sentencia: Juicio relacionado con el expediente:

Notas:
_____
_____
_____
_____
_____
_____
_____
_____
_____
_____
_____
_____
_____
_____
_____
_____

Notas de los juicios

66	Cliente:
	Autoridad:
	Expediente:
	Fecha de presentación:
	Fecha de audiencia:
	Fecha de sentencia:
	Sentido de la sentencia:
	Juicio relacionado con el expediente:

Notas:

Notas de los juicios

67	Cliente:
	Autoridad:
	Expediente:
	Fecha de presentación:
	Fecha de audiencia:
	Fecha de sentencia:
	Sentido de la sentencia:
	Juicio relacionado con el expediente:

Notas:

Notas de los juicios

68	Cliente:
	Autoridad:
	Expediente:
	Fecha de presentación:
	Fecha de audiencia:
	Fecha de sentencia:
	Sentido de la sentencia:
	Juicio relacionado con el expediente:

Notas:

Notas de los juicios

69	Cliente:
	Autoridad:
	Expediente:
	Fecha de presentación:
	Fecha de audiencia:
	Fecha de sentencia:
	Sentido de la sentencia:
	Juicio relacionado con el expediente:

Notas:

Notas de los juicios

70	Cliente: Autoridad: Expediente: Fecha de presentación: Fecha de audiencia: Fecha de sentencia: Sentido de la sentencia: Juicio relacionado con el expediente:

Notas:
_____
_____
_____
_____
_____
_____
_____
_____
_____
_____
_____
_____
_____
_____
_____
_____
_____
_____

Notas de los juicios

71
- **Cliente:**
- **Autoridad:**
- **Expediente:**
- **Fecha de presentación:**
- **Fecha de audiencia:**
- **Fecha de sentencia:**
- **Sentido de la sentencia:**
- **Juicio relacionado con el expediente:**

Notas:

Notas de los juicios

72	
	Cliente:
	Autoridad:
	Expediente:
	Fecha de presentación:
	Fecha de audiencia:
	Fecha de sentencia:
	Sentido de la sentencia:
	Juicio relacionado con el expediente:

Notas:

Notas de los juicios

73
Cliente: _____
Autoridad: _____
Expediente: _____
Fecha de presentación: _____
Fecha de audiencia: _____
Fecha de sentencia: _____
Sentido de la sentencia: _____
Juicio relacionado con el expediente: _____

Notas: _____
_____
_____
_____
_____
_____
_____
_____
_____
_____
_____
_____
_____
_____
_____
_____
_____
_____
_____

Notas de los juicios

74	Cliente: _____
	Autoridad: _____
	Expediente: _____
	Fecha de presentación: _____
	Fecha de audiencia: _____
	Fecha de sentencia: _____
	Sentido de la sentencia: _____
	Juicio relacionado con el expediente: _____

Notas: _____

_____

_____

_____

_____

_____

_____

_____

_____

_____

_____

_____

_____

_____

_____

_____

_____

_____

Notas de los juicios

75	Cliente:
	Autoridad:
	Expediente:
	Fecha de presentación:
	Fecha de audiencia:
	Fecha de sentencia:
	Sentido de la sentencia:
	Juicio relacionado con el expediente:

Notas:

Notas de los juicios

76	Cliente: Autoridad: Expediente: Fecha de presentación: Fecha de audiencia: Fecha de sentencia: Sentido de la sentencia: Juicio relacionado con el expediente:

Notas:

Notas de los juicios

77	Cliente:
	Autoridad:
	Expediente:
	Fecha de presentación:
	Fecha de audiencia:
	Fecha de sentencia:
	Sentido de la sentencia:
	Juicio relacionado con el expediente:

Notas:

Notas de los juicios

78	Cliente:
	Autoridad:
	Expediente:
	Fecha de presentación:
	Fecha de audiencia:
	Fecha de sentencia:
	Sentido de la sentencia:
	Juicio relacionado con el expediente:

Notas:

Notas de los juicios

79	Cliente:
	Autoridad:
	Expediente:
	Fecha de presentación:
	Fecha de audiencia:
	Fecha de sentencia:
	Sentido de la sentencia:
	Juicio relacionado con el expediente:

Notas:

Notas de los juicios

80	Cliente:
	Autoridad:
	Expediente:
	Fecha de presentación:
	Fecha de audiencia:
	Fecha de sentencia:
	Sentido de la sentencia:
	Juicio relacionado con el expediente:

Notas:

Notas de los juicios

81	Cliente:
	Autoridad:
	Expediente:
	Fecha de presentación:
	Fecha de audiencia:
	Fecha de sentencia:
	Sentido de la sentencia:
	Juicio relacionado con el expediente:

Notas:

Notas de los juicios

82	Cliente: Autoridad: Expediente: Fecha de presentación: Fecha de audiencia: Fecha de sentencia: Sentido de la sentencia: Juicio relacionado con el expediente:

Notas:
_____
_____
_____
_____
_____
_____
_____
_____
_____
_____
_____
_____
_____
_____
_____
_____
_____

Notas de los juicios

83	Cliente:
	Autoridad:
	Expediente:
	Fecha de presentación:
	Fecha de audiencia:
	Fecha de sentencia:
	Sentido de la sentencia:
	Juicio relacionado con el expediente:

Notas:

Notas de los juicios

84	Cliente:
	Autoridad:
	Expediente:
	Fecha de presentación:
	Fecha de audiencia:
	Fecha de sentencia:
	Sentido de la sentencia:
	Juicio relacionado con el expediente:

Notas:

Notas de los juicios

85	Cliente:
	Autoridad:
	Expediente:
	Fecha de presentación:
	Fecha de audiencia:
	Fecha de sentencia:
	Sentido de la sentencia:
	Juicio relacionado con el expediente:

Notas:

Notas de los juicios

86	Cliente:
	Autoridad:
	Expediente:
	Fecha de presentación:
	Fecha de audiencia:
	Fecha de sentencia:
	Sentido de la sentencia:
	Juicio relacionado con el expediente:

Notas:

Notas de los juicios

87	Cliente:
	Autoridad:
	Expediente:
	Fecha de presentación:
	Fecha de audiencia:
	Fecha de sentencia:
	Sentido de la sentencia:
	Juicio relacionado con el expediente:

Notas:

Notas de los juicios

88	Cliente:
	Autoridad:
	Expediente:
	Fecha de presentación:
	Fecha de audiencia:
	Fecha de sentencia:
	Sentido de la sentencia:
	Juicio relacionado con el expediente:

Notas:

Notas de los juicios

89	**Cliente:** _____ **Autoridad:** _____ **Expediente:** _____ **Fecha de presentación:** _____ **Fecha de audiencia:** _____ **Fecha de sentencia:** _____ **Sentido de la sentencia:** _____ **Juicio relacionado con el expediente:** _____

Notas: _____

_____

_____

_____

_____

_____

_____

_____

_____

_____

_____

_____

_____

_____

_____

_____

Notas de los juicios

90	
	Cliente:
	Autoridad:
	Expediente:
	Fecha de presentación:
	Fecha de audiencia:
	Fecha de sentencia:
	Sentido de la sentencia:
	Juicio relacionado con el expediente:

Notas:

Notas de los juicios

91	Cliente:
	Autoridad:
	Expediente:
	Fecha de presentación:
	Fecha de audiencia:
	Fecha de sentencia:
	Sentido de la sentencia:
	Juicio relacionado con el expediente:

Notas:

Notas de los juicios

Cliente: _____
Autoridad: _____
Expediente: _____
Fecha de presentación: _____
Fecha de audiencia: _____
Fecha de sentencia: _____
Sentido de la sentencia: _____
Juicio relacionado con el expediente: _____

Notas: _____
_____
_____
_____
_____
_____
_____
_____
_____
_____
_____
_____
_____
_____
_____
_____
_____

Notas de los juicios

93	Cliente:
	Autoridad:
	Expediente:
	Fecha de presentación:
	Fecha de audiencia:
	Fecha de sentencia:
	Sentido de la sentencia:
	Juicio relacionado con el expediente:

Notas:

Notas de los juicios

94	Cliente:
	Autoridad:
	Expediente:
	Fecha de presentación:
	Fecha de audiencia:
	Fecha de sentencia:
	Sentido de la sentencia:
	Juicio relacionado con el expediente:

Notas:

Notas de los juicios

95	Cliente:
	Autoridad:
	Expediente:
	Fecha de presentación:
	Fecha de audiencia:
	Fecha de sentencia:
	Sentido de la sentencia:
	Juicio relacionado con el expediente:

Notas:

Notas de los juicios

96	
	Cliente:
	Autoridad:
	Expediente:
	Fecha de presentación:
	Fecha de audiencia:
	Fecha de sentencia:
	Sentido de la sentencia:
	Juicio relacionado con el expediente:

Notas:

Notas de los juicios

97	Cliente:
	Autoridad:
	Expediente:
	Fecha de presentación:
	Fecha de audiencia:
	Fecha de sentencia:
	Sentido de la sentencia:
	Juicio relacionado con el expediente:

Notas:

Notas de los juicios

98	Cliente:
	Autoridad:
	Expediente:
	Fecha de presentación:
	Fecha de audiencia:
	Fecha de sentencia:
	Sentido de la sentencia:
	Juicio relacionado con el expediente:

Notas:

Notas de los juicios

99	**Cliente:** _____ **Autoridad:** _____ **Expediente:** _____ **Fecha de presentación:** _____ **Fecha de audiencia:** _____ **Fecha de sentencia:** _____ **Sentido de la sentencia:** _____ **Juicio relacionado con el expediente:** _____

Notas: _____

_____
_____
_____
_____
_____
_____
_____
_____
_____
_____
_____
_____
_____
_____
_____
_____
_____

Notas de los juicios

100	Cliente: Autoridad: Expediente: Fecha de presentación: Fecha de audiencia: Fecha de sentencia: Sentido de la sentencia: Juicio relacionado con el expediente:

Notas:
___
___
___
___
___
___
___
___
___
___
___
___
___
___
___
___
___
___

Notas de los juicios

101	Cliente: _____
	Autoridad: _____
	Expediente: _____
	Fecha de presentación: _____
	Fecha de audiencia: _____
	Fecha de sentencia: _____
	Sentido de la sentencia: _____
	Juicio relacionado con el expediente: ____

Notas:

Notas de los juicios

102	
	Cliente:
	Autoridad:
	Expediente:
	Fecha de presentación:
	Fecha de audiencia:
	Fecha de sentencia:
	Sentido de la sentencia:
	Juicio relacionado con el expediente:

Notas:

Notas extras

Notas extras

Notas extras

Notas extras

Notas extras

Notas extras

Notas extras

Notas extras

Notas extras

Notas extras

Notas extras

Notas extras

Notas extras

Notas extras

Notas extras

Notas extras

Directorio telefónico

A-B-C-D

Directorio telefónico

A-B-C-D

Directorio telefónico

A-B-C-D

Directorio telefónico

A-B-C-D

Directorio telefónico

A-B-C-D

Directorio telefónico

A-B-C-D

Directorio telefónico

E-F-G-H

Directorio telefónico

E-F-G-H

Directorio telefónico

E-F-G-H

Directorio telefónico

E-F-G-H

Directorio telefónico

E-F-G-H

Directorio telefónico

E-F-G-H

Directorio telefónico

I-J-K-L

Directorio telefónico

I-J-K-L

Directorio telefónico

I-J-K-L

Directorio telefónico

I-J-K-L

Directorio telefónico

I-J-K-L

Directorio telefónico

I-J-K-L

Directorio telefónico

M-N-O-P

Directorio telefónico

M-N-O-P

Directorio telefónico

M-N-O-P

Directorio telefónico

M-N-O-P

Directorio telefónico

M-N-O-P

Directorio telefónico

M-N-O-P

Directorio telefónico

Q-R-S-T-U

Directorio telefónico

Q-R-S-T-U

Directorio telefónico

Q-R-S-T-U

Directorio telefónico

Q-R-S-T-U

Directorio telefónico

Q-R-S-T-U

Directorio telefónico

Q-R-S-T-U

Directorio telefónico

V-W-X-Y-Z

Directorio telefónico

V-W-X-Y-Z

Directorio telefónico

V-W-X-Y-Z

Directorio telefónico

V-W-X-Y-Z

Directorio telefónico

V-W-X-Y-Z

Directorio telefónico

V-W-X-Y-Z

AGENDA LEGAL
www.tareasjuridicas.com

QUEDA PROHIBIDA SU IMPRESIÓN
TODOS LOS DERECHOS RESERVADOS.

www.ingramcontent.com/pod-product-compliance
Lightning Source LLC
Chambersburg PA
CBHW052346220526
45465CB00003BA/984